目 次

社長・資産家・サラリーマンの税金は、こう変わる（個人）

所得税等はこうなる

相続税・贈与税はこうなる

中堅・中小企業の税金は、こう変わる（法人）

法人税はこうなる

消費税はこうなる

納税環境は、こう変わる（法人・個人）

● 令和3（2021）年度 税制改正適用関係一覧表 ●

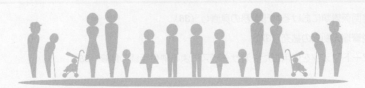

＊この冊子は、「令和3年度 税制改正大綱（令和2年12月10日）」及び令和3年4月1日施行の「所得税法等の一部を改正する法律（令和3年法律第8号）」及び「地方税法等の一部を改正する法律（令和3年法律第7号）」、各省庁公表の税制改正資料などに基づいて作成しています。

社長・資産家・サラリーマンの税金は、こう変わる（個人）

所得税等はこうなる

～　所得税・個人住民税・相続税・贈与税等　～

❶ 同族会社が発行した社債利子等に対する課税の見直し

【増税】

■改正の目的

　同族会社の株主等が受け取る社債利子については総合課税されていますが、同族会社の子会社が支払う社債利子でその子会社の株主でない同族会社の株主が受け取るものについては利子所得として源泉分離課税となっています。このような背景から社債利子についての税負担の垂直的な公平性等を確保することを目的とした改正となっています。

（1）改正の内容

　同族会社が発行した社債の利子で、その同族会社の判定の基礎となる株主である法人と特殊の関係がある個人及びその親族等が支払いを受けるものが総合課税の対象となります。また、当該社債の償還金についても総合課税の対象となります。

■同族会社の子会社等が発行する社債利子及び償還金の課税関係

項目区分		改正前	改正後
同族子会社等が発行する社債（＊）	利子	分離課税	総合課税
	償還金	分離課税	総合課税

（＊）同族会社の株主等が受け取るものに限ります。

❶　改正前から総合課税の対象となっている社債の利子及び償還金

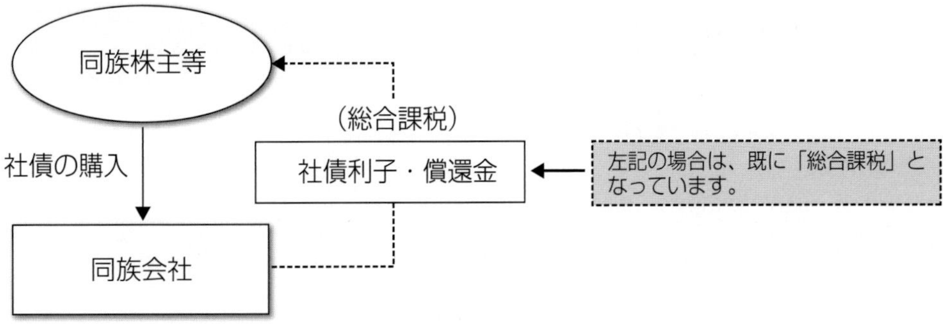

❷ 改正により総合課税の対象となる社債の利子及び償還金

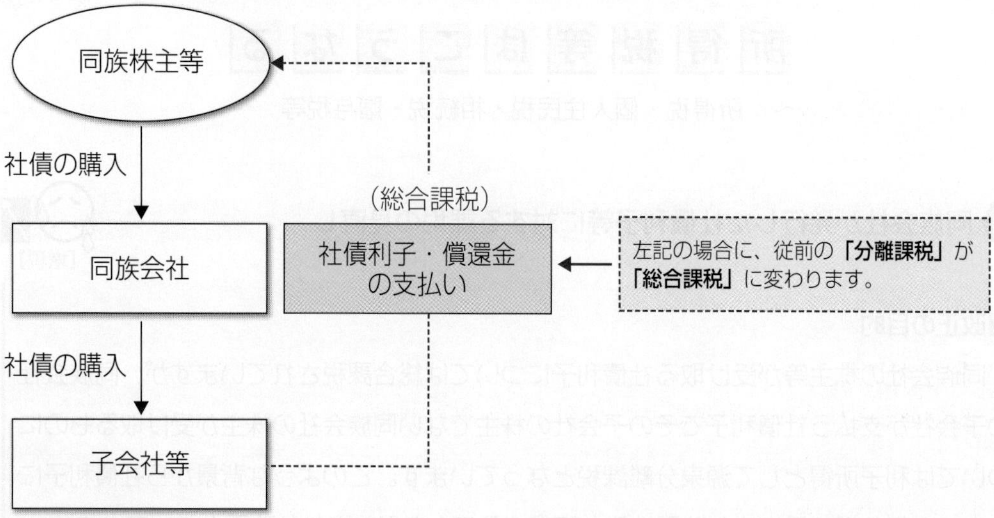

(2) 適用関係

この改正は、2021年（令和3年）4月1日以後に支払いを受けるべき社債の利子及び償還金について適用されます。

(3) 実務家の注意すべき点

低税率である分離課税から最高55%の総合課税に変わることで、税負担が増加することに注意が必要です。社債の繰上げ償還等を検討する必要があります。

❷ 退職所得課税の見直し

【増税】

■改正の目的

退職所得の２分の１課税を前提に、短期間のみ在職することが当初から予定されている従業員が、給与の受取を繰り延べて高額な退職金を受け取ることにより、税負担を回避するといった行為を防止することを目的としています。

（1）改正の内容

❶ 短期退職者に支給する退職手当等の課税方法の見直し

その年中の退職手当等のうち、退職手当等の支払者の下での勤続年数が５年以下である者がその退職手当等の支払者からその勤続年数に対応するものとして支払いを受けるものであって、特定役員退職手当等（＊）に該当しないもの（以下「短期退職手当等」といいます。）に係る退職所得の金額の計算につき、短期退職手当等の収入金額から退職所得控除額を控除した残額のうち300万円を超える部分については、退職所得の金額の計算上２分の１とする措置を適用しないこととされました。

（＊）特定役員退職手当等とは、役員等としての勤続年数が５年以下の者が支払いを受ける退職手当等をいいます。

（注）表の朱文字部分が改正点です。

<table>
<tr><td rowspan="3">改正前</td><td>勤続年数</td><td colspan="2">従業員</td><td>役員等</td></tr>
<tr><td>5年以下</td><td colspan="2" rowspan="2">2分の1課税適用</td><td>2分の1課税適用なし
(特定役員等に限る)</td></tr>
<tr><td>5年超</td><td>2分の1課税適用
(上記以外の役員等)</td></tr>
<tr><td rowspan="5">改正後</td><td rowspan="3">勤続年数</td><td colspan="2">従業員</td><td rowspan="3">役員等</td></tr>
<tr><td colspan="2">退職手当等の収入金額から退職所得控除額を控除した残高のうち</td></tr>
<tr><td>300万円以下の部分</td><td>300万円超の部分</td></tr>
<tr><td>5年以下</td><td>2分の1課税適用</td><td>2分の1課税適用なし</td><td>2分の1課税適用なし
(特定役員等に限る)</td></tr>
<tr><td>5年超</td><td colspan="2">2分の1課税適用</td><td>2分の1課税適用
(上記以外の役員等)</td></tr>
</table>

❷ 退職所得の金額の計算方法の見直し

上記❶の改正に伴い、退職所得の金額の計算方法が、次表のようになります。

① 勤続年数５年以内の者に支給する短期退職手当等の場合

従業員	イ.「収入金額－退職所得控除額」の残高≦300万円の部分 退職所得の金額＝（退職所得の収入金額－退職所得控除額）×2分の1
	ロ.「収入金額－退職所得控除額」の残高＞300万円の部分 退職所得の金額＝退職所得の収入金額－退職所得控除額
特定役員等	退職所得の金額＝退職所得の収入金額－退職所得控除額

（注）特定役員退職手当等については、「300万円以下」と「300万円超」の区分は設けられておりませんので、２分の１課税は適用されません。

② 勤続年数５年を超える者に支給する退職手当等の場合

従業員	退職所得の金額＝（退職所得の収入金額－退職所得控除額）×2分の1
上記①以外の役員等	

③「退職所得控除額」の計算

上記「退職所得控除額」は、次の算式で計算します。

勤続年数	退職所得控除額
2年以内	80万円
2年超20年以内	40万円×勤続年数
20年超	70万円×（勤続年数－20年）+800万円
障害者となったことにより退職した場合、上記「退職所得控除額」＋100万円	

（2）適用関係

この改正は、2022年（令和４年）分以後の所得税及び2023年（令和５年）分以後の住民税について適用されます。

（3）実務家の注意すべき点

短期退職手当等と短期退職手当等以外の退職手当等がある場合の退職所得の金額の計算方法、退職手当等に係る源泉徴収税額の計算方法及び退職所得の源泉徴収票の記載事項等について所要の措置が講じられますので注意が必要です。

❸ セルフメディケーション税制の見直し

【整備】

■改正の目的

2025年に向けた高齢者人口の増加や、その後の生産年齢人口の急減を見据え、限りある医療資源を有効活用するとともに、「新たな日常」に対応した国民の健康づくりを促進するため、要指導医薬品及び一般用医薬品の購入費用の自己負担額を対象とした所得控除制度を延長・拡充し、国民がセルフメディケーションに自発的に取り組む環境を整備することを目的としています。

（1）改正の内容

❶　対象となる医薬品の見直し

	改正前	改正後
スイッチOTC医薬品	対象になる	療養の給付に対する費用の適正化の効果が低いと認められるものを除外（ただし、令和4.1.1～令和8.12.31の間の一定の日までの期間内に購入したものについては、この除外措置は適用されません。）
非スイッチOTC医薬品	対象にならない	療養の給付に対する費用の適正化の効果が著しく高いと認められるものを追加

セルフメディケーション税制は、医療費控除との選択適用とされていて、上記「スイッチOTC医薬品」の年間購入費が12,000円を超える場合に、その超える部分の購入費用に適用される医療費控除の特例です。

なお、「スイッチOTC医薬品」とは、医療費から転用された市販の医薬品でレシート等に「セルフメディケーション税制の対象商品」である旨の表示がある医薬品が該当します。

❷　申告手続の簡素化

この特例の適用を受ける者が、その年中に健康の保持増進及び疾病の予防への取組として一定の取組を行ったことを明らかにする書類について確定申告書への添付又は確定申告書の提出の際の提示が不要になります。

ただし、税務署長から当該書類の提示又は提出を求められた場合には、当該書類の提示又は提出をしなければなりません。

（2）適用関係

上記（1）の❶の改正は、2022年（令和4年）以後の所得税及び2023年（令和5年）以後の住民税について適用されます。

上記（１）の❷の改正は、2021年（令和３年）以後の確定申告書を2022年（令和４年）１月１日以後に提出する場合について適用されます。

上記（１）の改正に伴い、セルフメディケーション税制は、2022年（令和４年）１月１日から2026年（令和８年）12月31日まで５年間延長されます。

（３）実務家の注意すべき点

今回の改正によりスイッチＯＴＣ医薬品から除外されるものであっても、一定の医薬品については、５年未満の経過措置が講じられていることに注意が必要です。

❹ 住宅借入金等を有する場合等の所得税額の特別控除の特例の拡充等

【減税】

■改正の目的

住宅投資について、10％消費税の導入に際して適用要件の弾力化が図られた住宅ローン減税等に、更に新型コロナウイルス対策として、即効性のある支援策を実施し、国内需要を喚起することを目的としています。

（１）改正の内容

消費税率が10％になったことに伴い10年間とされていた控除期間を更に３年延長し、13年間とする住宅ローン特別控除の特例の適用期限が延長され、2022年（令和４年）12月末までの入居者が適用対象とされるとともに、この延長された期間に限り、合計所得金額1,000万円以下の者について面積要件が50㎡以上から40㎡以上に緩和されました。

（注）表の朱文字部分が改正点です。

	居住開始時期	要件	所得要件	契約締結日
改正前	2019年(令和元年)10月1日～2020年(令和２年)12月31日	50㎡以上	3,000万円以下	
改正後	2021年(令和３年)1月1日～2022年(令和４年)12月31日	50㎡以上	3,000万円以下	・新築住宅の場合 2020年（令和２年）10月1日～2021年（令和３年）9月末 ・その他一定のもの（＊） 2020年（令和２年）12月1日～2021年（令和３年）11月末
		40㎡以上50㎡未満	1,000万円以下	

（＊）「その他一定のもの」とは、居住用家屋で、建築後使用されたことのないもの若しくは既存住宅の取得又は増改築等をいいます。

（2）適用関係

この改正は、2021年（令和３年）１月１日から2022年（令和４年）12月31日までの間に、この特例の適用対象となる住宅を取得等し、その住宅を居住の用に供した場合に適用されます。

（3）実務家の注意すべき点

居住の用に供した時期だけでなく、その住宅の取得等における契約時期も要件に加わったことに注意が必要です。

相続税・贈与税はこうなる

❶ 住宅取得等資金の贈与を受けた場合の贈与税の非課税措置等の見直し

【減税】

■改正の目的

親世代や祖父母世代から子・孫世代等への資産移転を促進することを通じて、若年世代を中心とした住宅取得・改修等を行う者の資金調達を支援することにより、住宅投資の促進とそれによる経済の活性化、良質な住宅ストックの形成と居住水準の向上を図ることを目的としています。

また、非課税限度額の引上げについては、新型コロナウイルス感染症の影響により住宅購入予定者の収入は大幅に減少していることを考慮し、初期負担の軽減、購入後のローン返済の負担を減らすことをも目的としています。

（1）改正の内容

直系尊属から住宅取得等資金の贈与を受けた場合の贈与税の非課税措置等について、下表❶～❸の措置が講じられました。

なお、特定の贈与者から住宅取得等資金の贈与を受けた場合の相続時精算課税制度の特例についても、下記❷の措置が講じられました。

■直系尊属から住宅取得等資金の贈与を受けた場合の贈与税の非課税措置

（注）表の朱文字部分が改正点です。

区分		改正前				改正後			
住宅用家屋の新築等に係る契約締結日		2020(令和2).4.1～2021(令和3).3.31		2021(令和3).4.1～2021(令和3).12.31		2020(令和2).4.1～2021(令和3).3.31		2021(令和3).4.1～2021(令和3).12.31	
住宅家屋の種類		省エネ等住宅家屋（＊）	左記以外の住宅家屋	省エネ等住宅家屋（＊）	左記以外の住宅家屋	省エネ等住宅家屋（＊）	左記以外の住宅家屋	省エネ等住宅家屋（＊）	左記以外の住宅家屋
❶非課税限度額の改正	消費税等の税率10%が適用される住宅用家屋の新築等	1,500万円	1,000万円	1,200万円	700万円	1,500万円	1,000万円	1,500万円	1,000万円
	上記以外の住宅用家屋の新築等	1,000万円	500万円	800万円	300万円	1,000万円	500万円	1,000万円	500万円
❷床面積要件の下限の改正	暦年課税贈与	50㎡以上				受贈者が贈与を受けた年分の所得税に係る合計所得金額が1,000万円以下である場合40㎡以上			
						上記以外50㎡以上			
	相続時精算課税贈与	同上				40㎡以上（所得制限なし）			
❸既存住宅用家屋(中古住宅)等の証明方法の改正		登記事項証明書等				登記事項証明書等又は不動産識別事項等			

（＊）**「省エネ等住宅家屋」**とは、耐震、省エネ又はバリアフリーの住宅用家屋をいいます。

（2）適用関係

❶　非課税限度額の改正

（1）の❶の改正は、2021年（令和３年）４月１日から12月31日までの間に住宅用家屋の新築等に係る契約を締結した場合の住宅取得等資金の贈与について適用されます。

❷　床面積要件の下限の改正

（1）の❷の改正は、暦年課税、相続時精算課税ともに2021年（令和３年）１月１日以後に贈与により取得する住宅取得等資金に係る贈与について適用されます。

❸　既存住宅用家屋（中古住宅）等の証明方法の改正

（1）の❸の改正は、2022年（令和４年）１月１日以後に贈与税の申告書を提出する場合について適用されます。

（3）実務家の注意すべき点

①　適用期限に注意!!

今回の改正では、適用期間の延長はされていません。そのため、適用を検討されている場合には、適用期限までに実施をしないと非課税措置を受けることができません。

②　受贈者の所得金額に注意!!

床面積要件の緩和はありましたが、床面積50㎡以上の家屋について非課税の特例を適用する場合の、受贈者の合計所得金額が2,000万円以下の人に限ることとする要件は改正されていません。そのため、合計所得金額が2,000万円を超える場合には、非課税の特例を受けることができませんので注意が必要です。

ただし、相続時精算課税制度の特例による贈与の場合には、合計所得金額要件は設けられていません。

2 教育資金の一括贈与非課税措置の見直し

【増減あり】

■改正の目的

節税的な利用を防止する観点から一定の制限を加えたうえで、教育費用の準備資金を、税制措置で支援することにより、将来を担う人材の育成を強化するとともに、子育て世代の将来不安を和らげ、資産の早期世代間移転を促進することにより若年世代の経済活動の活性化を促すことを目的としています。

（1）改正の内容

2013年（平成25年）に施行された「教育資金の一括贈与に係る贈与税の非課税措置」

について、下表のように、適用対象の見直しが行われました。

■教育資金の一括贈与に係る贈与税の非課税措置

（注）表の朱文字部分が改正点です。

項目		改正前	改正後	贈与税又は相続税の課税対象
所得制限		教育資金の信託等をする日の前年の受贈者の合計所得金額が1,000万円を超える場合には、本措置の適用を受けることができません。	左記に同じ（改正なし）	信託受益権の金額（贈与税）
教育資金の範囲の見直し	学校等に支払われる金銭	30歳になるまで適用可	左記に同じ（改正なし）	
	習い事等の費用（＊1）	23歳以上は適用不可	左記に同じ（改正なし）	教育資金の金額（贈与税）
❶教育資金契約期間中に贈与者が死亡した場合の課税の見直し	相続税の課税対象の範囲の見直し	死亡前3年以内に非課税措置の適用を受けた場合には、その死亡の日における管理残額（＊2）を受贈者が贈与者から相続又は遺贈により取得したものとみなされ、相続税が課税されます。（＊3）	死亡の日までの年数にかかわらず、その死亡の日における管理残額（＊4）を、受贈者が贈与者から相続又は遺贈により取得したものとみなされ、相続税が課税されます。（＊3）	管理残額（＊4）（相続税）
	相続税の2割加算の対象	対象外	対象	
教育資金管理契約の終了事由		受贈者が30歳に達した場合においても、（＊3）の②又は③のいずれかに該当する場合には、次のいずれか早い日に契約が終了したものとします。 (i)その年において（＊3）の②又は③のいずれかに該当する期間がなかった場合におけるその年の12月31日 (ii)受贈者が40歳に達する日	左記に同じ（改正なし）	管理残額（＊4）（贈与税）
❷教育資金の範囲の拡充			1日当たり5人以下の乳幼児を保育する認可外保育施設のうち、都道府県知事等から一定の基準を満たす旨の証明書の交付を受けたものに支払われる保育料等を追加	
❸教育資金の使途等の証明方法の拡充		次に掲げる申告書等の書面による提出 イ．教育資金非課税申告書 ロ．追加教育資金非課税申告書 ハ．教育資金非課税取消申告書 ニ．教育資金非課税廃止申告書 ホ．教育資金管理契約に関する異動申告書	左記申告書等に記載すべき事項等の電磁的方法による提出が可能	

（＊1）「**習い事等の費用**」とは、教育に関する役務提供の対価、スポーツ・文化芸術に関する活動等に係る指導の対価、これらの役務提供又は指導に係る物品の購入費及び施設の利用料をいいます。
教育訓練給付金の支給対象となるのは、30歳になるまでです。

（＊2）「**管理残額**」とは、非課税拠出額から教育資金支出額を控除した残額のうち、贈与者から死亡前3年以内に取得した信託受益権等の価額に対応する金額をいいます。

（＊3）贈与者が死亡した日において、次のいずれかに該当する場合は課税されません。
① 受贈者が23歳未満である場合
② 受贈者が学校等に在学している場合
③ 受贈者が教育訓練給付金の支給対象となる教育訓練を受講している場合

（＊4）ここでいう「**管理残額**」とは、非課税拠出額から教育資金支出額を控除した残額をいいます。

(２) 適用関係

適用期限が、2023年（令和５年）3月31日（改正前2021年（令和３年）3月31日）まで、2年間延長されるとともに、その施行日が以下のとおりとされました。

❶　教育資金契約期間中に贈与者が死亡した場合の課税の見直し

（1）の❶の改正は、2021年（令和３年）4月1日以後の信託等により取得する信託受益権等について適用されます。

❷　教育資金の範囲の拡充

（1）の❷の改正は、2021年（令和３年）4月1日以後に支払われる教育資金について適用されます。

❸　教育資金の使途等の証明方法の拡充

（1）の❸の改正は、2021年（令和３年）4月1日以後に提出する申告書等について適用されます。

(３) 実務家の注意すべき点

これまでは贈与者が死亡する3年以内に行われた教育資金の一括贈与については、管理残額のうち、贈与者から死亡前３年以内に取得した信託受益権等の価額に対応する金額に対してだけ課税されていましたが、改正後は、贈与者の死亡の日までの年数にかかわらず管理残額に課税され、かつ、相続税の２割加算の対象とされることとなりましたので、この制度の適用に当たってはこれまで以上に注意が必要になります。

３ 結婚・子育て資金の一括贈与非課税措置の見直し

【増減あり】

■改正の目的

節税的な利用を防止する観点から一定の制限を加えたうえで、高齢者層が保有している資産を、より消費性向の高い若年層に移転することによって、消費の拡大を通じた経済の活性化が期待され、同時に「結婚」「出産」に係わる経済的障壁を取り除くことにより少子化対策を図ることを目的としています。

(１) 改正の内容

2015年（平成27年）に施行された「結婚・子育て資金の一括贈与非課税措置」について、次表のように、適用対象の見直しが行われました。

■結婚・子育て資金の一括贈与非課税措置

（注）表の朱文字部分が改正点です。

項目	改正前	改正後	贈与税又は相続税の課税対象
所得制限	結婚・子育て資金の信託等をする日の前年の受贈者の合計所得金額が1,000万円を超える場合には、本措置の適用を受けることができません。	左記に同じ（改正なし）	信託受益権の金額（贈与税）
❶ 贈与者から相続等により取得したものとみなされる管理残額について、当該贈与者の子以外の直系卑属に相続税が課される場合	相続税の2割加算の対象外	相続税の2割加算の対象	管理残額（＊）（贈与税）
❷ 受贈者の年齢要件の下限の見直し	20歳以上	18歳以上	
❸ 結婚・子育て資金の範囲の拡充		1日当たり5人以下の乳幼児を保育する認可外保育施設のうち、都道府県知事等から一定の基準を満たす旨の証明書の交付を受けたものに支払われる保育料等を追加	
❹ 結婚・子育て資金の使途等の証明方法の拡充	次に掲げる申告書等の書面による提出 イ．結婚・子育て資金非課税申告書 ロ．追加結婚・子育て資金非課税申告書 ハ．結婚・子育て資金非課税取消申告書 ニ．結婚・子育て資金非課税廃止申告書 ホ．結婚・子育て資金管理契約に関する異動申告書	左記申告書等に記載すべき事項等の電磁的方法による提出が可能	

（＊）上記❶の**「管理残額」**とは、非課税拠出額から結婚・子育て資金支出額を控除した残額をいいます。

（2）適用関係

適用期限が、2023年（令和５年）３月31日（改正前2021年（令和３年）３月31日）まで、２年間延長されるとともに、その施行日が以下のとおりとされました。

❶　贈与者から取得したものとみなされる管理残額の課税の見直し

（1）の❶の改正は、2021年（令和３年）４月１日以後の信託等により取得する信託受益権等について適用されます。

❷　受贈者の年齢要件の下限の見直し

（1）の❷の改正は、2022年（令和４年）４月１日以後の信託等により取得する信託受益権等について適用されます。

❸　結婚・子育て資金の範囲の拡充

（1）の❸の改正は、2021年（令和３年）４月１日以後に支払われる結婚・子育て資金について適用されます。

❹　結婚・子育て資金の使途等の証明方法の拡充

（1）の❹の改正は、2021年（令和３年）４月１日以後に提出する申告書等について適用されます。

（3）実務家の注意すべき点

贈与者に相続が発生した場合には、拠出した金銭から結婚・子育て資金を控除した残額について相続税が課税されます。改正前は、この場合の相続税については相続税額の2割加算の対象とはなりませんでしたが、今回の改正により２割加算の対象となりますので注意が必要です。

4 非上場株式等に係る相続税・贈与税の納税猶予制度の見直し

【拡充】

■改正の目的

中小企業経営者の高齢化を踏まえ、後継者の役員要件の緩和、その他の所要の見直しを行うことにより、制度のより一層の活用促進を図ることを目的としています。

（1）改正の内容

❶　制度の概要

非上場株式等の相続税・贈与税の納税猶予制度は、通常「法人版事業承継税制」と呼ばれています。この「法人版事業承継税制」は、その事業後継者である受贈者又は相続人等が事業承継円滑化法の認定を受けている非上場株式等を相続又は贈与により取得した場合に、一定の要件を満たせば、その納税を猶予し、後継者が死亡等した場合、納税が猶予されている贈与税又は相続税の納税が免除されるという制度です。

この「法人版事業承継税制」には、「一般措置」と「特例措置」の２つの制度があり、「特例措置」は、事前に経営計画を策定等し、都道府県知事の確認を要します。また、適用期限も2018年（平成30年）１月１日～2027年（令和９年）12月31日までの10年間とされていますが、非上場株式等の全株式が納税猶予の適用対象(一般措置は、総株式数の最大３分の２まで)となり、納税猶予割合も100%(一般措置は、贈与100%、相続80%)となるなど、「一般措置」に比べて有利な措置となっています。

【参考】「特例措置」と「一般措置」の制度の主な違い

	特例措置	一般措置
事前の計画策定等	5年以内の特例承継計画の提出 【2023年（令和5年）3月31日まで】	不要
適用期限	10年以内の相続等・贈与 【2027年（令和9年）12月31日まで】	なし
対象株数	全株式	総株式数の最大3分の2まで
納税猶予割合	100%	相続等：80%・贈与：100%
承継パターン	複数の株主から最大3人の後継者	複数の株主から1人の後継者
雇用確保要件	実質撤廃	承継後5年間 平均8割の雇用維持が必要
事業の継続が困難な事由が生じた場合の免除	譲渡対価の額等に基づき再計算した猶予税額を納付し、従前の猶予税額との差額を免除	なし （猶予税額を納付）
相続時精算課税の適用	60歳以上の贈与者から 20歳以上の者への贈与	60歳以上の贈与者から 20歳以上の推定相続人 （直系卑属）・孫への贈与

（出典：国税庁HP抜粋一部加筆修正）

❷ 改正の概要

非上場株式等に係る相続税･贈与税の納税猶予の『特例措置』について、下表のとおり、後継者が被相続人の相続開始の直前において特例認定承継会社の役員でないときであっても、本制度の適用を受けることができることとされました。

① 特例措置

（注）表の朱文字部分が改正点です。

後継者の要件	改正前	改正後
原則	被相続人の相続開始の直前において特例認定承継会社の役員であること	左記に同じ （改正なし）
例外	被相続人が60歳未満で死亡した場合には役員要件不要	被相続人が70歳未満で死亡した場合には役員要件不要 後継者が特例承継計画に特例後継者として記載されている者である場合には、被相続人の年齢を問わず、役員要件不要

② 一般措置

（注）表の朱文字部分が改正点です。

後継者の要件	改正前	改正後
原則	被相続人の相続開始の直前において認定承継会社の役員であること	左記に同じ （改正なし）
例外	被相続人が60歳未満で死亡した場合には役員要件不要	被相続人が70歳未満で死亡した場合には役員要件不要

（2）適用関係

上記(1)の改正は、2021年（令和３年）４月１日以後に、これらに定める事由が生じた場合について、適用されます。

（3）実務家の注意すべき点

納税猶予制度の特例措置の適用を受けるためには、原則2023年（令和５年）３月31日までに特例承継計画を提出する必要があります。現時点では納税猶予制度を利用する予定がない場合であっても、提出することについてのデメリットは一切ありません。

事業承継方法の選択肢を広げる意味でも、特例承継計画は提出されることをおすすめします。なお、本年度の改正は、相続税に限っての改正です。贈与税については、従前どおりですのでご注意ください。

上記「法人版事業承継税制」以外にも、2019年度（平成31年度）の税制改正において、個人事業者の事業承継を促進するために、10年間の時限措置として、一定の事業用資産を承継した場合に、相続税・贈与税を100%納税猶予する「個人版事業承継税制」が創設されましたが、この制度についても、適用対象となる特定事業用資産の範囲に、「被相続人又は贈与者が事業の用に供していた乗用車で、青色申告書の貸借対照表に計上されているもの(その取得価額が500万円以下の部分に対応する部分に限る)」が加えられています。

なお、法人版・個人版を問わず、「事業承継税制」における贈与税の受贈者の年齢要件が、2022年（令和４年）４月１日以降は、18歳以上(現在20歳以上)となりますので、ご注意ください。

中堅・中小企業の税金は、こう変わる（法人）

法人税はこうなる

❶ 所得拡大促進税制の見直し

【減税】

■改正の目的

新型コロナウイルス感染症の拡大を契機とした全世界に及ぶ経済の下振れや先行きの不透明さを踏まえ、税制では、中堅・大企業向けには従前の賃上げ税制を外部人材の獲得や人材育成投資促進のための人材確保等促進税制に改組し、中小企業向けには雇用の維持や事業継続のための人材確保といった喫緊の課題への対応を促し、賃上げによる所得拡大を促すだけでなく、雇用を増やすことにより所得拡大を図る企業をも評価する税制の仕組みとすることを目的としています。

（1）改正の内容

「給与等の引上げ及び設備投資を行った場合の税額控除制度」を見直し、青色申告法人が、各事業年度において国内新規雇用者に対して給与等を支給する場合において、次の要件を満たすときは、控除対象新規雇用者給与等支給額（＊１）の15%を税額控除できることとなりました。（所得税についても同様です。）

今回の改正に伴い、これまで「賃上げ減税」と称されてきた制度が「人材確保税制」に改組されたうえ、中堅・大企業向けの制度と中小企業向けの制度に区分され、それぞれ異なる取扱いとなりました。

■中堅·大企業の場合

	改正前	改正後
適用要件	①及び②を満たすこと ① 継続雇用者給与等支給額 ≧ 継続雇用者比較給与等支給額 × 103% ② 国内設備投資額 ≧ 減価償却費の総額 × 95%	①及び②を削除し、③を追加 ①削除 ②削除 ③ 新規雇用者給与等支給額(＊1) ≧ 新規雇用者比較給与等支給額(＊2) × 102%
控除税額	① 給与等支給増加額 × 15% ② 給与等支給増加額 × 20% ・②については、以下の要件を満たした場合にのみ適用があります。 教育訓練費(＊4)の額≧ 比較教育訓練費(＊5)の額×120% ・控除税額は、法人税額の20%が限度となります。	① 控除対象新規雇用者給与等支給額(＊3) × 15% ② 控除対象新規雇用者給与等支給額(＊3) × 20% ・②については、以下の要件を満たした場合にのみ適用があります。 教育訓練費(＊4)の額≧ 比較教育訓練費の額(＊5)×120% ・控除税額は、法人税額の20%が限度となります。

用語の説明

（＊1）**「新規雇用者給与等支給額」**とは、国内の事業所において新たに雇用した雇用保険法の一般被保険者（支配関係がある法人から異動した者及び海外から異動した者を除く。）に対してその雇用した日から１年以内に支給する給与等の支給額をいいます。

（＊2）**「新規雇用者比較給与等支給額」**とは、前期の「新規雇用者給与等支給額」をいいます。

（＊3）**「控除対象新規雇用者給与等支給額」**とは、国内の事業所において新たに雇用した者（支配関係がある法人から異動した者及び海外から異動した者を除く。）に対してその雇用した日から１年以内に支給する給与等の支給額をいいます。

ただし、雇用者給与等支給額から比較雇用者給与等支給額を控除した金額を上限とします。

（＊4）**「教育訓練費」**とは、国内雇用者の職務に必要な技術又は知識を習得させ、又は向上させるための費用で次のものをいいます。

- その法人が教育訓練等(教育、訓練、研修、講習その他これらに類するものをいいます。)を自ら行う場合の外部講師謝金、外部施設等使用料等の費用
- 他の者に委託して教育訓練等を行わせる場合のその委託費
- 他の者が行う教育訓練等に参加させる場合のその参加に要する費用

（＊5）**「比較教育訓練費の額」**とは、前期の「教育訓練費」の額をいいます。

■中小企業者等の場合

	改正前	改正後
適用要件	継続雇用者給与等支給額 ≧ 継続雇用者比較給与等支給額 × 101.5%	雇用者給与等支給額(＊1) ≧ 比較雇用者給与等支給額(＊2) × 101.5%
控除税額	① 給与等支給増加額　×　15% ② 給与等支給増加額　×　25% ・②については、以下の要件を満たした場合にのみ適用があります。 継続雇用者給与等支給額≧ 継続雇用者比較給与等支給額×102.5% ・控除税額は、法人税額の20%が限度となります。	① 雇用者給与等支給増加額(＊3)　×　15% ② 雇用者給与等支給増加額(＊3)　×　25% ・②については、以下の要件を満たした場合にのみ適用があります。 雇用者給与等支給額≧ 比較雇用者給与等支給額×102.5% ・控除税額は、法人税額の20%が限度となります。

用語の説明

（＊1）**「雇用者給与等支給額」**とは、適用を受けようとする事業年度の所得の金額の計算上損金の額に算入される「国内雇用者」（役員及びその特殊関係者を除く、適用を受けようとする法人の国内の事業所に勤務する全ての雇用者をいいます。）に対する「給与等」の支給額をいいます。

（＊2）**「比較雇用者給与等支給額」**とは、適用を受けようとする事業年度の前事業年度の計算上損金の額に算入される「国内雇用者」に対する「給与等」の支給額をいいます。

（＊3）**「雇用者給与等支給額増加額」**とは、雇用者給与等支給額から比較雇用者給与等支給額を控除した差額をいいます。

（2）適用関係

この改正は、2021年(令和３年) ４月 １ 日から2023年(令和５年)３月31日までの間に開始する各事業年度において適用されます。（個人については、2022年(令和4年) 分所得税から適用されます。）

（3）実務家の注意すべき点

改正前は、給与等支給額から雇用調整助成金及びこれに類するものの額を控除していましたが、改正後は控除しないこととなりますので注意が必要です。

中小企業等のうち適用除外事業者に該当する法人は、中小企業者等以外の所得拡大促進税制の適用を検討する必要があります。

❷ DX（デジタルトランスフォーメーション）投資促進税制の創設

【減税】

■改正の目的

ウィズ・ポストコロナ時代を見据え、デジタル技術を活用した企業変革を実現するためには、経営戦略・デジタル戦略の一体的な実施が不可欠となりつつあります。そのような企業の変革を国が後押しすることを目的としています。

（1）改正の内容

産業競争力強化法の改正を前提に、青色申告書を提出する法人で同法に規定する認定事業適応事業者が、その事業適応計画に従って実施される産業競争力強化法の情報技術事業適応の用に供するために特定ソフトウエアの新設若しくは増設をし、又はその情報技術事業適応を実施するために利用するソフトウエアのその利用に係る費用（繰延資産となるものに限ります。）の支出をした場合には、次の特別償却又は税額控除の適用を受けることができる制度が創設されました。（所得税についても、同様です。）

用語の説明

「DX（デジタルトランスフォーメーション）」とは、デジタル技術を浸透させることで、既存の価値観や枠組みを根底から覆すような革新的なイノベーションをもたらし、人々の生活をより良いものへと変革することをいいます。

■認定要件と税制措置の内容

認定要件

デジタル（D）要件	① **データ連携・共有**（他の法人などが有するデータ又は事業者がセンサー等を利用して新たに取得するデータと内部データとを合わせて連携すること） ② **クラウド技術の活用** ③ 情報処理推進機構が審査する**「DX認定」の取得**（レガシー回避・サイバーセキュリティなどの確保）
&	
企業変革（X）要件	① **全社の意思決定**に基づくものであること（取締役会等の決議文書添付等） ② **一定以上の生産性向上**などが見込まれること等

税制措置の内容

対象設備	税額控除	or	特別償却
・ソフトウェア ・繰延資産*1	3%		30%
・器具備品*2 ・機械装置*2	5%*3		

*1　クラウドシステムへの移行に係る初期費用をいう
*2　ソフトウェア・繰延資産と連携して使用するものに限る
*3　グループ外の他法人ともデータ連携・共有する場合

＊　**投資額下限：売上高比0.1%以上**
＊　**投資額上限：300億円**
（300億円を上回る投資は300億円まで）
＊　税額控除上限：「カーボンニュートラル投資促進税制」と合わせて当期法人税額の20%まで

（出典：「令和3年度（2021年度）経済産業関係税制改正について」令和2年12月経済産業省6頁）

■グループ会社間のデータ連携と税額控除率の関係

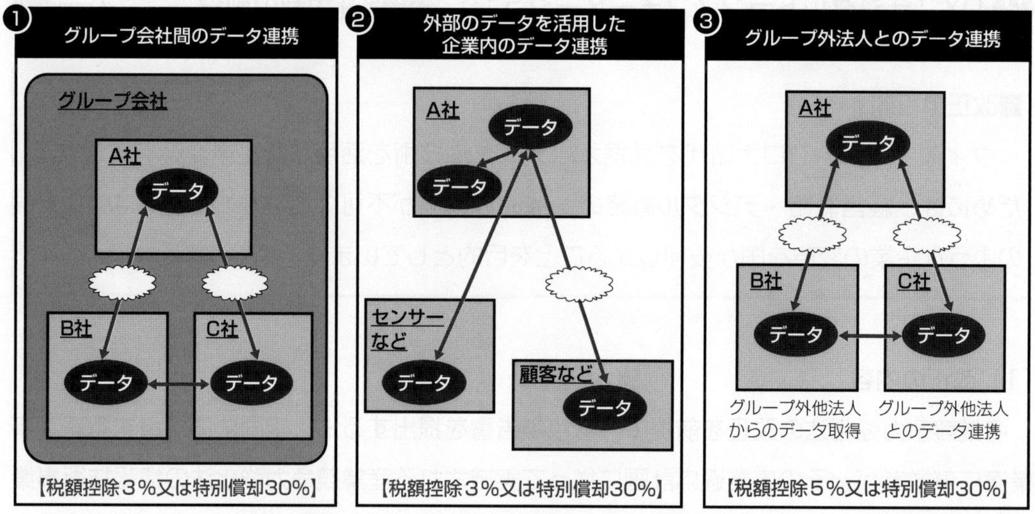

（出典：「令和3年度（2021年度）経済産業関係税制改正について」令和2年12月経済産業省8頁）

①	取得等をして国内にある事業の用に供した情報技術事業適応設備の取得価額の30%の特別償却とその取得価額の３%（グループ外の事業者とデータ連携をする場合には、５%）の税額控除との選択適用ができます。
②	上記の繰延資産の額の30%の特別償却とその繰延資産の額の３%（グループ外の事業者とデータ連携をする場合には、５%）の税額控除との選択適用ができます。 ただし、税額控除における控除税額は、カーボンニュートラルに向けた投資促進税制の税額控除制度による控除税額との合計で、当期の法人税額の 20%を 上限とします。

用語の説明

（注１）上記の**「情報技術事業適応設備」**とは、その情報技術事業適応計画に従って実施される事業適応の用に供するために新設又は増設する一定のソフトウエアーで、その情報技術事業適応設備の用に供する機械装置及び器具備品をいい、開発研究用資産は除きます。

（注２）上記の**「グループ会社」**とは、会社法上の①親会社、②子会社、③当該①の親会社の自社以外の子会社(=兄弟会社)のいずれかをいいます。

（注３）対象資産の取得価額及び対象繰延資産の額の合計額のうち本制度の対象となる金額は 300 億円が限度とされます。

（2）適用関係

この改正は、改正産業競争力強化法施行日から2023年(令和5年)３月31日までの間に取得等されるものについて適用されます。

（3）実務家の注意すべき点

上記の特別償却又は税額控除の適用を受けるためには、部門・拠点ごとではなく全社レベルでのDXに向けた事業適応計画について主務大臣の認定を受ける必要があります。

❸ 繰越欠損金の控除上限の特例の創設

【減税】

■改正の目的

コロナ禍の厳しい経営環境の中で、経営改革に果敢に挑む中堅・大企業に対し、繰越欠損金の控除上限を100%に引き上げ、事業再構築等を活発化させることを目的としています。

（1）改正の内容

一定の要件を満たす青色申告法人の適用事業年度（＊１）において、特例対象欠損金額（＊２）がある場合には、DXやカーボンニュートラル等、事業再構築・再編に係る投資実行額の範囲内において、欠損金の繰越控除前の所得の金額を対象に最大100%（改正前：50%、中小企業は100%）まで控除することができるようになりました。

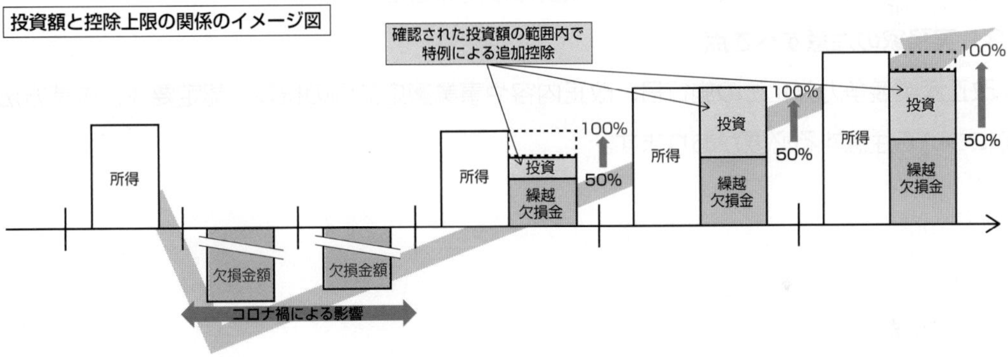

（出典：「令和3年度（2021年度）経済産業関係税制改正について」令和2年12月経済産業省10頁）

要　件	①　産業競争力強化法の改正法の施行の日から同日以後１年を経過する日までの間に、産業競争力強化法の認定事業適応計画の認定を受けた認定事業適応事業者であること。 ②　①のうち、その認定事業適応計画に従って同法の事業適応を実施すること。
特例の対象となる欠損金額	原則、<u>令和２年度・令和３年度に生じた欠損金額</u>が対象 （令和元年度の欠損金もコロナ禍の影響を受けたと認められる場合には対象。最大２事業年度。）
特例対象欠損金額の繰越期間	<u>最長５年間</u>。
特例による控除上限の確認	①　認定された事業計画に基づいて実施した投資について、事業所管大臣の確認が必要。 ②　<u>企業は確認された投資額の範囲内で、特例を受ける</u>ことが可能（最大100%）。
累積投資残額	所得の金額の50%を超える部分については、累積投資残額（＊３）に達するまでの金額を損金算入します。

用語の説明

（＊1）**「適用事業年度」**とは、次の事業年度をいいます。

① 特例対象欠損金額が生じた事業年度のうち、その開始の日が最も早い事業年度後の事業年度で、所得の金額が生じた最初の事業年度（基準事業年度）開始の日以後５年以内に開始した事業年度

② 事業適応計画の実施時期を含む事業年度

③ 2026年（令和８年）４月１日以前に開始する事業年度

（＊2）**「特例対象欠損金額」**とは、2020年（令和２年）４月１日から2021年（令和３年）４月１日までの期間内の日を含む事業年度（一定の場合には、2020年（令和２年）２月１日から同年３月31日までの間に終了する事業年度及びその翌事業年度）において生じた青色欠損金額をいいます。

（＊3）**「累積投資残額」**とは、事業適応計画に従って行った投資の額から、既に本特例により欠損金の繰越控除前の所得の金額の５０％を超えて損金算入した欠損金額に相当する金額を控除した金額をいいます。

（２）適用関係

この改正は2020年（令和２年）４月１日から2021年（令和３年）４月１日までの期間内の日を含む事業年度に生じた欠損金額が対象となります。

（３）実務家の注意すべき点

改正産業競争力強化法の施行日、改正内容や事業適応計画の概要、認定要件、申請方法等について注意する必要があります。

❹ 株式対価M＆A促進措置の創設

【緩和】

■改正の目的

2019年(令和元年)12月に成立した改正会社法において、自社株式等を対価とするM&Aが認められ、新たに「株式交付制度」が創設されました。この制度は、改正会社法に対応した税制の整備を図ることを目的としています。

(1) 改正の内容

改正会社法で創設された「株式交付制度」とは、自社株式を利用して事業再編を実行しやすくする制度で、買収会社《株式交付親会社》が買収対象会社《株式交付子会社》を自社の子会社にしようとする場合に、買収対象会社の株主からその会社の株式を譲り受け、その対価として買収会社の株式をその株主に交付してM&Aを進めていく方式です。

この会社法の改正を受けて、税制においても、以下の制度が創設されました。

■株式対価M＆A促進措置のイメージ図

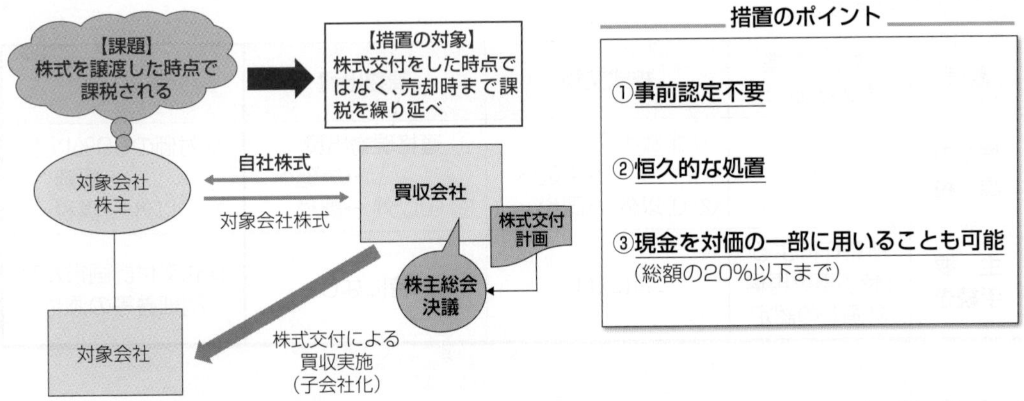

（出典：「令和3年度（2021年度）経済産業関係税制改正について」令和2年12月経済産業省17頁）

❶ 法人株主の譲渡株式に対する譲渡損益繰延措置の創設

法人株主が、改正会社法の「株式交付制度」を利用して、その所有する株式交付子会社株式《買収対象会社株式》を譲渡し、株式交付親会社《買収会社》の株式等の交付を受けた場合には、株式交付子会社株式《買収対象会社株式》を譲渡した時点では課税せず、その株式交付親会社株式《買収会社株式》を売却した時点まで、その譲渡した株式の譲渡損益の計上(課税)を繰り延べる制度が創設されました。(個人株主についても、所得税で、同様の措置が設けられています。)

なお、法人株主が外国法人である場合には、その外国法人が日本の恒久的施設において管理する株式に対応して交付を受けた株式交付親会社株式の部分に限定して適用することとされました。

❷ 株式の交付以外に金銭の交付がある場合

上記❶の譲渡損益の課税の繰延べは、対価として交付される株式交付親会社株式の価額が80%以上である場合に限り適用することとされています。

したがって、株式交付親会社株式以外に金銭等の交付がある場合には、株式交付親会社株式に対応する部分のみの譲渡損益の計上を繰り延べることになります。

❸ 株式交付親会社の確定申告書の添付書類

上記❶のM&Aが実施された場合の株式交付親会社《買収会社》の確定申告書には、貸借対照表、損益計算書等以外に、添付書類として株式交付計画書及び株式交付に係る明細書を添付することとされました。（株式交換及び株式移転についても同様です。）

また、その明細書には、株式交付により交付した資産の数又は価額の算定の根拠を明らかにする事項を記載した書類も添付を要することとされました。

❹ 類似制度との比較

この株式交付制度に類似した制度は、いろいろあります。それらを比較すると、次表のとおりとなります。

制度	改正産業競争力強化法	株式交換	現物出資	株式交付
株主の課税	繰延べ	① 金銭不交付 →繰延べ ② ①以外 →課税	① 適格現物出資 →繰延べ ② ①以外 →課税	① 対価の80%以上 →繰延べ ② ①以外 →課税
主要手続き	所轄庁による「特別事業再編計画」の認定	特になし	特になし	株式交付計画書及び明細書等の添付

（2）適用関係

この改正は、2021年(令和3年)4月1日以後開始事業年度の所得に対する法人税について適用されます。

（3）実務家の注意すべき点

株式交換は100%完全子会社化が前提となりますが、株式交付は部分的買収も対応可能です。ただし、既存の子会社の追加取得には活用できませんので注意してください。

5 カーボンニュートラルに向けた投資促進税制の創設

【減税】

■改正の目的

2050年までに温室効果ガスの排出を実質ゼロにする「2050年カーボンニュートラル」の実現に向けて、改正産業競争力強化法において規定される予定の「中長期環境適応計画」に基づき導入される①生産プロセスの脱炭素化に寄与する設備や、②脱炭素化を加速する製品を生産する設備に対する、税制上の支援を目的としています。

（1）改正の内容

改正産業競争力強化法に定める「中長期環境適応計画」について認定を受けた青色申告書を提出する法人が「中長期環境適応計画」に従って導入される一定の設備等の取得等をし、国内にある事業の用に供した場合に、一定の特別償却又は税額控除の選択適用が認められることになりました。

適用要件	① 青色申告書を提出する法人 ② 改正後の産業競争力強化法の中長期環境適応計画について認定を受けること ③ 中長期環境適応計画に記載された「中長期環境適応生産性向上設備」又は「中長期環境適応需要開拓製品生産設備」の取得等をし、国内にある事業の用に供すること

対象資産	税制支援措置（選択適用）	
① **「中長期環境対応生産性向上設備」** 生産工程の効率化による温室効果ガスの削減その他の中長期環境適応に用いられるもの ② **「中長期環境適応需要開拓製品生産設備」** 温室効果ガスの削減に資する事業活動に寄与する製品その他新たな事業の開拓に寄与することが見込まれる製品として主務大臣が定める製品の生産に専ら使用される設備 ＊対象資産の取得金額の合計額のうち500億円が限度	**特別償却**	取得価額×50%
	税額控除	取得価額×5% （注）温室効果ガスの削減に資するものについては10% ＊デジタルトランスフォーメーション投資促進税制の税額控除との合計で当期の法人税額の20%が上限

（2）適用関係

改正産業競争力強化法の施行日から2024年(令和６年)３月31日までの間に「中長期環境適応生産性向上設備」又は「中長期環境適応需要開拓製品生産設備」を取得等し、国内にある事業の用に供した場合に適用されます。

大企業については、研究開発税制その他生産性の向上に資する税額控除の規定を適用できないこととする措置について、カーボンニュートラルに向けた投資促進税制及びデジタルトランスフォーメーション投資促進税制の税額控除を加える見直しを行った上で、その適用期限が3年延長されました。

（3）実務家の注意すべき点

地方税において、特別償却を選択した場合には、すべての法人に係る法人住民税及び法人事業税について適用されますが、税額控除を選択した場合には、中小企業者等（＊）に係る法人住民税にのみに適用されます。

用語の説明

＊**「中小企業者等」**とは、資本金の額又は出資金の額が1億円以下の法人（その発行済株式又は出資の総数又は総額の2分の1以上を同一の大規模法人に所有されている法人、又はその発行済株式又は出資の総数又は総額の3分の2以上を複数の大規模法人に所有されている法人を除きます。）及び資本又は出資を有しない法人のうち常時使用する従業員の数が1,000人以下の法人をいいます。

6 中小企業の経営資源の集約化に資する税制の創設

【減税】

■改正の目的

ウィズコロナ／ポストコロナ社会に向けて、地域経済・雇用を担おうとする中小企業による経営資源の集約化等を支援することを目的としています。

（1）改正の内容

❶ 制度の創設

青色申告書を提出する中小企業者（＊）のうち、次表の要件を満たす経営力向上計画に基づくＭ＆Ａを実施した場合には、次の租税特別措置の適用が行われることになります。

税制	要　件	内　容
準備金の積立	①　青色申告書の提出 ②　中小企業者（＊） ③　経営力向上計画の認定を受ける（経営資源集約化が記載されたものに限る。） ④　③の計画に従って他の法人の株式を取得 ⑤　④の株式等をその取得の日を含む事業年度終了の日まで引き続き保有（株式等の取得価額が10億円を超える場合を除く）	中小企業事業再編投資損失準備金を積み立てたときは、下記の金額を限度に損金算入できます。 ◆ 損金算入限度額 ・株式等の取得価額×70%以下
Ｍ＆Ａの効果を高める設備投資減税	①　青色申告書の提出 ②　中小企業者（＊） ③　経営力向上計画の認定を受ける（経営資源集約化が記載されたものに限るものとし、計画終了年に修正ROA又は有形固定資産回転率が一定以上上昇する経営力向上計画を策定する。） ④　経営力向上計画を実施するために必要不可欠な設備の取得	① 特別償却 ・償却率100% ② 税額控除 ・特定中小企業等　10% ・上記以外の法人　　7% 税額控除については、その事業年度の法人税額の20%が限度

用語の説明

（＊）**「中小企業者」**とは、中小企業等経営強化法に規定する中小企業者等であって租税特別措置法の中小企業者に該当するものをいいます。

❷ 準備金の取崩し

上記のうち、中小企業事業再投資損失準備金は、その株式等の全部又は一部を有しなくなった場合やその株式等の帳簿価額を減額した場合等において取り崩すほか、その積み立てた事業年度終了の日の翌日から5年を経過した日を含む事業年度から5年間でその経過した準備金残高の均等額を取り崩して、益金に算入することとなります。

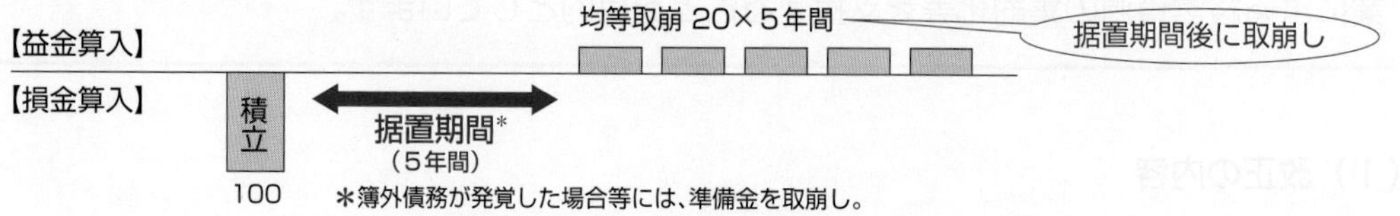

（出典：「令和3年度（2021年度）経済産業関係税制改正について」令和2年12月経済産業省27頁）

（2）適用関係

この改正は、改正中小企業経営強化法の施行日から2024年(令和６年)３月31日までに認定を受けた経営力向上計画に基づき取得した株式等及び設備の取得について適用されます。（設備投資減税については、2023年(令和５年)３月31日が適用期限となります。）

（3）実務家の注意すべき点

株式等及び設備の取得前に、改正中小企業経営強化法の経営力向上計画を作成･申請し、認定を受ける必要があります。

また、準備金の積立と設備投資減税は、適用期限が異なるので注意が必要です。

消費税はこうなる

適格請求書等保存方式(いわゆる《インボイス制度》)への対応

～ 登録申請は2021年(令和３年)10月１日から、適用開始は2023年(令和５年)10月１日から ～

【手続開始】

■改正の目的

消費税が導入されて以来、消費税の納税義務がない、いわゆる免税事業者についても消費税を売上代金に上乗せして領収することによる益税問題が存続しています。そのため、一定の登録をした事業者が、発行可能な請求書に基づいて仕入税額控除を可能とすることにより、免税事業者が消費税を領収することによる益税問題を解消することを目的としています。

(１) 制度改正の概要 ～「適格請求書等保存方式」の導入に伴う事前準備 ～

消費税率が、2019年（令和元年）10月１日に10%に引き上げられるとともに、低所得者対策として一定の飲食料品等については８%の軽減税率とする複数税率が導入され、区分経理方式としては、経過的に、従前の「請求書等保存方式」を維持した簡素な方法として、「区分記載請求書等保存方式」によることとされました。そして、2023年（令和５年）10月１日からは、複数税率に対応した仕入税額控除方式として「適格請求書等保存方式（いわゆる《インボイス制度》)」が導入されることとされました。

ところが、「適格請求書等保存方式」では、仕入税額控除の適用を受けるには、原則として、取引先に対して「適格請求書」を交付できる「適格請求書発行事業者」として登録をしている事業者（以下、「登録事業者」といいます。）から交付を受けた「適格請求書」を保存等していることが要件とされています。

したがって、仕入税額控除を行うには、取引先が適格請求書を発行できる登録事業者であることが必要であり、同様に、自社も登録事業者でなければなりません。ここが従来の仕入税額控除とは、大いに異なります。

この「登録事業者」となるための登録申請書の受付が、今年（2021年（令和3年））の10月１日から開始されます。

用語の説明

「インボイス(invoice)」とは、「送り状」を意味する英語で、貿易での売買品目やその数量、価格、売手・買手の名称等、通関手続上必要とされる事項を記載した書類で、送り状や請求書の役割を担う「送り状兼請求書及び取引の明細を記した証明書」を指す用語として使用されてきましたが、日本でも消費税に複数税率が導入され、「適格請求書等保存方式(いわゆる「インボイス制度」)」が採用されることになり、現行の「区分記載請求書」に新たに追加記載される事項(登録番号・適用税率及び消費税率等)を記載したインボイス(税額票)的な意味合いを含めて使用されることが多くなっています。

(「実用日本語表現辞典」を参考として記載)

■インボイスの発行・保存の仕組み（イメージ図）

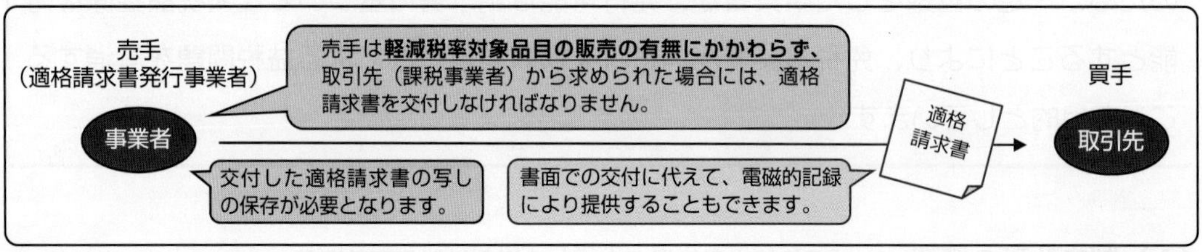

《売手側》

売手である登録事業者は、買手である取引相手（課税事業者）から求められたときは、インボイスを交付しなければなりません。また、交付したインボイスの写しを保存しておく必要があります。

《買手側》

買手は仕入税額控除の適用を受けるために、原則として、取引相手（売手）である登録事業者から交付を受けたインボイスの保存等が必要となります。
また、買手は仕入税額控除の適用を受けるために、原則として、取引相手（売手）である登録事業者から交付を受けたインボイスの保存等が必要となります。

(国税庁「適格請求書等保存方式の概要」令和2年6月9頁)

❶ 「適格請求書発行事業者」登録制度とは

① 「適格請求書発行事業者」とは

「適格請求書発行事業者」とは、「適格請求書発行事業者」の登録申請をした課税事業者で、税務署での審査を経たうえ、「適格請求書発行事業者」として税務署長の登録を受けた者のことです。したがって、免税事業者は「適格請求書発行事業者」としての登録を受けることはできません。

なお、この登録を受けた「適格請求書発行事業者」は、基準期間の課税売上高が1,000万円以下となった場合であっても、免税事業者にはならず、消費税及び地方消費税の申告義務が生じますので注意が必要です。

② 課税事業者の登録手続

課税事業者が行う「適格請求書発行事業者」の登録申請の手順は、次図の「適格請求書発行事業者の申請から登録まで」の手順に従って行います。

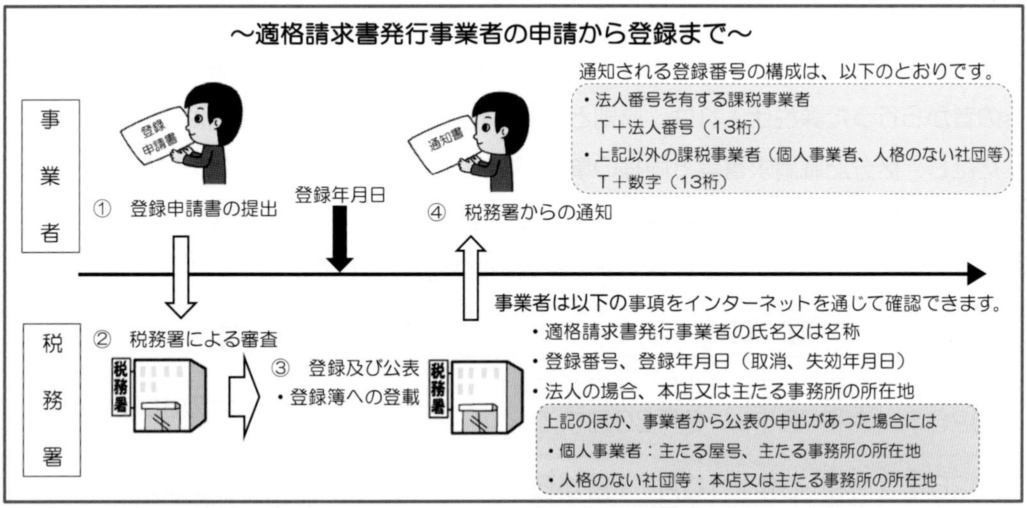

（国税庁「消費税軽減税率制度の手引き」令和2年8月版55頁）

③ 免税事業者の登録手続

免税事業者が「適格請求書発行事業者」の登録を受けるためには、税務署長宛に「適格請求書発行事業者の登録申請書」に加えて「消費税課税事業者選択届出書」を提出し、まず、課税事業者となる必要があります。

なお、2023年（令和5年）10月1日を含む課税期間中に登録を受ける場合には、登録を受けた日から課税事業者となる経過措置が設けられています。

1 登録日が令和５年１０月１日の属する課税期間の場合（経過措置の適用がある場合）

（例）12月決算の法人で、令和5年10月1日から適格請求書発行事業者となる場合

＊この場合、**「消費税課税事業者選択届出書」の提出は必要ありません。**

また、登録日以降は課税事業者となるため、**消費税の申告が必要になります。**

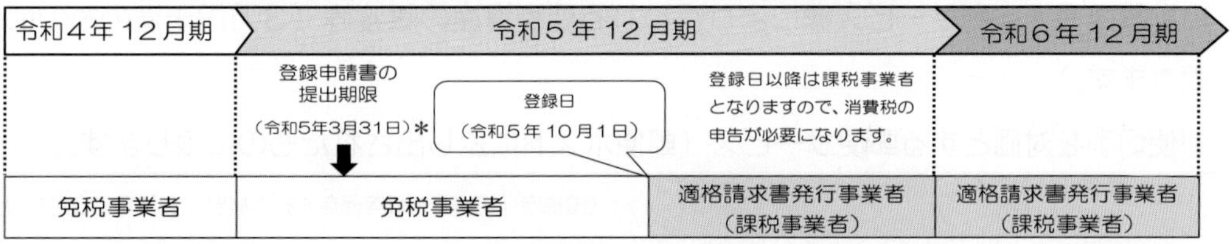

＊令和5年3月31日までに提出することが困難な事情がある場合は、令和5年9月30日まで

2 登録日が令和５年１０月１日の属する課税期間の翌課税期間以降の場合

（例）12月決算の法人で、課税事業者となった課税期間の初日である令和6年1月1日から登録を受ける場合

＊この場合、**「消費税課税事業者選択届出書」を提出し、課税事業者を選択する**とともに**課税事業者となる課税期間の初日の前日から起算して１月前の日までに登録申請書の提出が必要**となります。

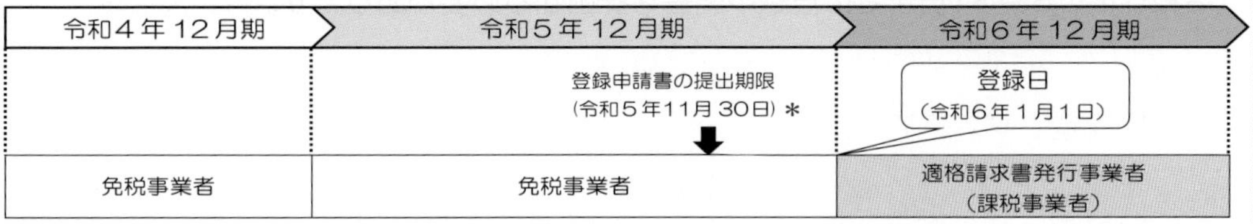

＊課税事業者となる課税期間の初日（令和6年1月1日）の前日（令和5年12月31日）から起算して1月前の日

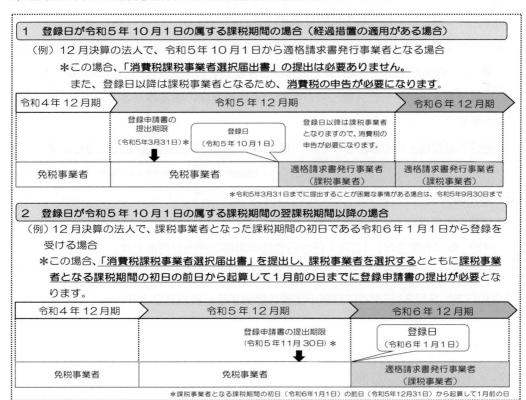

（国税庁「消費税軽減税率制度の手引き」令和2年8月版71頁）

❷ 免税事業者等から課税仕入れがあった場合の経過措置

適格請求書等保存方式の導入後は、免税事業者や消費者など、適格請求書発行事業者以外の者から行った課税仕入れは、原則として、仕入税額控除を行うことはできません。

ただし、区分記載請求書等と同様の事項が記載された請求書等及びこの経過措置の規定の適用を受ける旨を記載した帳簿を保存している場合には、一定の期間は仕入税額相当額の一定割合を仕入税額として控除できる経過措置が設けられています。

期　間	割　合
2023年（令和　5年）10月　1日から 2026年（令和　8年）　9月30日まで	仕入税額相当額の80％
2026年（令和　8年）10月　1日から 2029年（令和11年）　9月30日まで	仕入税額相当額の50％

❸ 適格請求書の交付義務免除

適格請求書を交付することが困難な以下の取引には、適格請求書の交付義務が免除されています。

- 公共交通機関である船舶、バス又は鉄道による旅客の運送（3万円未満のものに限ります。）
- 出荷者が卸売市場において行う生鮮食料品等の譲渡（出荷者から委託を受けた受託者が卸売の業務として行うものに限ります。）
- 生産者が農業協同組合、漁業協同組合又は森林組合等に委託して行う農林水産物の譲渡（無条件委託方式かつ共同計算方式により生産者を特定せずに行うものに限ります。）
- 自動販売機・自動サービス機により行われる課税資産の譲渡等（3万円未満のものに限ります。）
- 郵便切手を対価とする郵便サービス（郵便ポストに差し出されたものに限ります。）

（国税庁「適格請求書等保存方式の概要」令和２年６月９頁）

（2）適用関係

❶ 適格請求書等保存方式の登録申請

① 2021年（令和３年）10月１日から登録申請書の提出が可能です。

② 2023年（令和５年）10月１日から登録を受けるためには、原則として、2023年（令和５年）３月31日までに登録申請書を提出する必要があります。

《登録申請のスケジュール》

登録申請書は、令和３年 10 月１日から提出可能です。適格請求書等保存方式が導入される**令和５年10月１日から登録を受けるためには**、原則として、**令和５年３月 31 日まで**（ただし、困難な事情 (注) がある場合には、令和５年９月 30 日まで）に登録申請書を提出する必要があります。

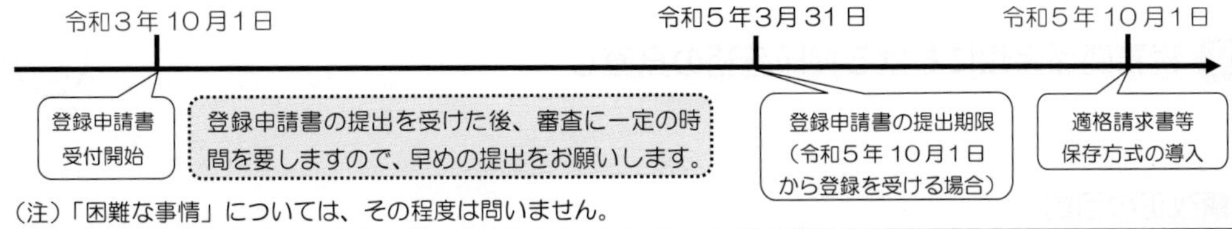

（注）「困難な事情」については、その程度は問いません。

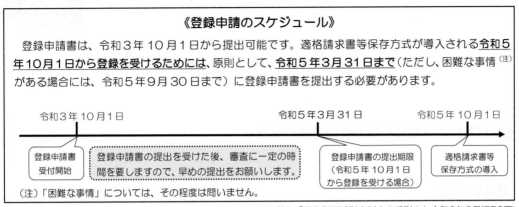

(国税庁「消費税軽減税率制度の手引き」令和2年8月版56頁)

❷ 適格請求書等保存方式の実施時期

2023年（令和5年）10月1日から実施されます。

（3）実務家の注意すべき点

① 適格請求書発行事業者に登録していなくても、消費税の納税義務は免除されません。

② 登録の時期を逃してインボイスが発行できない場合には、取引先に迷惑がかかりますので期日までに登録しておく必要があります。

③ 免税事業者で、これまで消費税を別途請求していた場合には、課税事業者を選択しなければなりません。対応を検討する必要があります。

納税環境はこうなる

❶ 税務関係書類における押印義務の見直し

【簡素化】

■改正の目的

書面・押印・対面を前提としたこれまでの制度・慣行を見直し、実際に足を運ばなくても手続ができるリモート社会の実現に向けて取り組むため、全ての行政手続を対象に見直しを行い、原則として書面・押印・対面を不要とし、デジタルで完結することを目的としています。

（1）改正の内容

納税者等が押印をしなければならないこととされている税務関係書類について、一部のものを除き、押印が不要となりました。

① 押印が廃止される主な書類	
・確定申告書、修正申告書、更正の請求書	
・国税、地方税の各種届出書、申請書	
・年末調整関係書類	（扶養控除等申告書ほか）
② 引き続き押印が必要な書類	
・遺産分割協議書	（相続税申告書の添付書類として）
・所有権移転登記承諾書	（相続税の物納申請の手続等で必要です。）
・抵当権設定登記承諾書 ・納税保証書 ・質権設定の承諾書	（延納申請、納税猶予の手続等で必要です。）

（2）適用関係

2021年（令和３年）４月１日以後に提出する税務関連書類について適用されます。

なお、2021年（令和３年）３月31日以前においても、今回の改正で押印不要となった書類については、押印がなくても改めて押印を求められることはありません。

（3）実務家の注意すべき点

押印をもって納税者の意思確認の証としていた場合には、それに代わるものが必要になります。

❷ 納税管理人制度の拡充

【整備】

■改正の目的

国内に拠点を持たない外国法人や非居住者等に対しても適切に税務調査等が行われるようにするため、納税管理人を指定できる仕組をつくることを目的としています。

（1）改正の内容

納税管理人を定めるべき納税者が納税管理人の届出をしなかった場合には、所轄税務署長は、以下の措置を講じることができます。

① 納税管理人に処理させるべき事項（以下「特定事項」という。）を明示したうえで、その準備に通常要する日数（最大60日）以内に、納税管理人の届出を行うよう、納税者に求めること。

② 特定事項の処理につき便宜を有する者（国内に住所等を有する者に限る。以下「国内便宜者」といいます。）に納税管理人になることを求めること。

③ 上記①の求めにもかかわらず、納税者が納税管理人の届出をしなかった場合には、上記②により納税管理人になることを求めた国内便宜者のうち一定の国内関連者（＊）を、特定事項を処理させる納税管理人として指定すること。

（＊）上記③の**「一定の国内関連者」**とは、次に掲げる者をいいます。

（ｉ）納税者が個人の場合

（ア）　納税者と生計を一にする配偶者その他の親族で成年に達した者

（イ）　納税者の国税の課税標準等又は税額等の計算の基礎となるべき事実について、その納税者との間の契約により密接な関係を有する者

（ウ）　電子情報処理組織を使用して行われる取引その他の取引をその納税者が継続的に行う場を提供する事業者

（ⅱ）納税者が法人の場合

（ア）　その納税者との間にいずれか一方の法人が他方の法人の発行済株式等の50%以上を保有する関係その他の特殊の関係にある法人

（イ）　その納税者の役員又はその役員と生計を一にする配偶者その他の親族で成年に達した者

（ウ）　上記(ｉ)の（イ）又は（ウ)に掲げる者

（2）適用関係

2022年（令和４年）１月１日から適用されます。

（3）実務家の注意すべき点

クロスボーダー取引が活発化していることを受け、税務当局が国内に拠点を持たない外国法人への税務調査を強化する意図が見られます。国際課税に強い納税管理人及び税理士を確保する必要があります。

3 スマートフォンを使用した決済サービスによる納付手続の創設

【簡素化】

■改正の目的

納税環境のデジタル化の一環として、スマートフォンを使った決済サービスにより納付できることを目的としています。

（1）改正の内容

納税者がスマートフォンを使った決済サービスにより納税しようとする場合、国税庁長官が指定する納付受託者を通して納付できるようになります。

この場合に、納付受託者が納付の委託を受けた日に国税の納付があったものとみなされ、延滞税、利子税等について納付があったものとみなされた日を基準として計算されます。

なお、納付受託者の納付義務、帳簿保存義務、納付受託者の指定の取消し等についても所定の措置が講じられています。

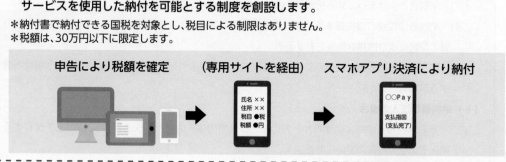

○国税の納付手段の多様化を図る観点から、令和４年１月より、スマートフォンのアプリ決済サービスを使用した納付を可能とする制度を創設します。

＊納付書で納付できる国税を対象とし、税目による制限はありません。
＊税額は、30万円以下に限定します。

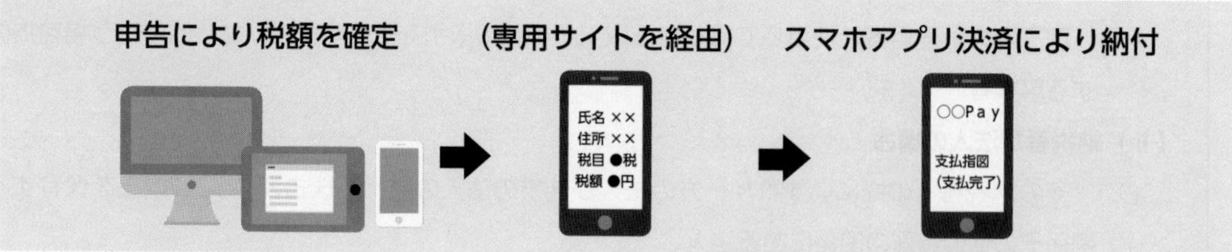

（出典：財務省「令和３年度税制改正」令和３年３月14頁）

（2）適用関係

2022年（令和４年）１月４日以後に納付する場合に適用されます。

（3）実務家の注意すべき点

納税者の決済について申告データとの連携が必要になります。納期限が過ぎるようなことにならないように連携方法について準備しておく必要があります。

令和3年度（2021）　税制改正適用関係一覧表

社長・サラリーマン

なに税?	いつから	何が?	どうなる 内容	影響
所得税	2021.01.01	国外中古建物の不動産所得に係る損益通算等の特例創設	個人が、2021年度以後の各年において、国外中古建物から生ずる不動産所得を有する場合においてその年分の不動産所得の金額の計算上国外不動産所得の損失の金額があるときは、その国外不動産所得の損失のうち国外中古建物の償却費に相当する部分の金額は生じなかったものとみなされることになります。	【増税】
	2021.01.01	住宅借入金等を有する場合等の所得税額の特別控除の拡充	①控除期間13年の特例措置が延長されます。 ②上記延長部分に限り面積要件が50㎡以上から40㎡以上に緩和されます。	【減税】
	2021.04.01	同族会社が発行した社債利子に対する課税の見直し	同族会社が発行した社債の利子で、その同族会社の判定の基礎となる株主である法人と特殊の関係がある個人及びその親族等が支払いを受けるものが総合課税の対象となります。	【増税】
	2022.01.01	退職所得課税の見直し	勤続年数が5年以下である者が支払いを受けるものであって、短期退職手当等として一定のものに係る退職所得の金額の計算につき、短期退職手当等の収入金額から退職所得控除額を控除した残額のうち300万円を超える部分については、退職所得の金額の計算上2分の1とする措置を適用しないこととされます。	【増税】
	2022.01.01	セルフメディケーション税制の見直し	①対象となる医薬品が見直されます。 ②確定申告書への添付等が不要になります。	【整備】
	2023.01.01	日本国外に居住する親族に係る扶養控除の見直し	非居住者である親族に係る扶養控除の対象となる親族から30歳以上70歳未満の親族が除外されることとなります。 ただし、一定の要件に該当する場合は扶養控除の適用対象とすることができます。	【増税】
	2023.12.31まで	未成年者口座内の少額上場株式等に係る配当所得及び譲渡所得等の非課税措置（ジュニアNISA）の見直し	ジュニアNISAに関して、未成年者口座開設可能期間は延長されず、2023年12月31日で終了となります。 その終了にあわせ、2024年1月1日以後は、課税未成年者口座及び未成年者口座内の上場株式等及び金銭の全額について源泉徴収を行わずに払い出すことができるようになります。	【制度廃止】
	2024.01.01	非課税口座内の少額上場株式等に係る配当所得及び譲渡所得等の非課税措置（NISA）の見直し	現行の非課税上場株式等管理契約に係る非課税措置（一般NISA）の終了にあわせ、特定非課税累積投資契約に係る非課税措置が創設されます。	【減税】

資 産 家

なに税？	いつから	何が？	どうなる 内容	影響
相続税	2020.04.01 2021.01.01	所有者不明土地等に係る課税上の課題への対応	①現に所有している者の申告の制度化 ②使用者を所有者とみなす制度の拡大	【増税】
	2022.04.01	民法における成年年齢引下げに伴う年齢要件の見直し[民法改正]	「民法の一部を改正する法律」（2018年6月公布）において、「成年年齢が20歳から18歳に引き下げられた」ことに伴い、税法上、適用年齢が20歳以上又は20歳未満となっている制度につき、年齢要件が見直されます。 ①相続税の未成年者控除 ②直系尊属から贈与を受けた場合の贈与税税率の特例 ③相続時精算課税制度 ④相続時精算課税適用者の特例（受贈者に孫等を追加） ⑤非上場株式等に係る贈与税の納税猶予制度（特例制度についても同様） ⑥NISA（非課税口座内の少額上場株式等に係る配当所得及び譲渡所得等の非課税措置） ⑦ジュニアNISA（未成年者口座内の少額上場株式等に係る配当所得及び譲渡所得等の非課税措置）	【増減あり】
	2022.04.01	確定拠出年金法等の改正に伴う所要の措置	確定拠出年金法等の改正を前提に、一定の項目について改正が行われます。 ・加入可能年齢の見直し ・受給開始時期の選択肢の課題 ・実施可能な事業主の範囲拡大 ・iDeCoの加入の要件緩和 ・年金資産の移管の改善	【減税】
	2021.04.01	住宅取得等資金の贈与を受けた場合の贈与税の非課税措置等の見直し	①2021年4月～12月の非課税限度額が引き上げられます。 ②下記の場合に床面積の要件が50㎡以上から40㎡以上に緩和されます。 ・暦年課税における受贈者の合計所得金額が1,000万円以下の場合 ・相続時精算課税贈与	【減税】
	2021.04.01	教育資金の一括贈与非課税措置の見直し	①教育資金契約期間中に贈与者が死亡した場合の課税が見直されます。 ・死亡の日までの年数にかかわらず、管理残高に相続税が課税されることになります。 ・上記について2割加算の対象となります。 ②一定の認可外保育施設の保育料が教育資金の範囲に入ります。 ③教育資金の使途等の証明方法について記載すべき事項等を電磁的方法による提出が可能となります。	【増減あり】

なに税?	いつから	何が？	どうなる 内容	影響
相続税	2021.04.01	**結婚・子育て資金の一括贈与非課税措置の見直し**	①贈与者から相続等により取得したものとみなされる管理残額について、当該贈与者の子以外の直系卑属に相続税が課される場合、相続税の2割加算の対象となります。 ②受贈者の年齢要件の下限が18歳以上に見直しされます。 ③一定の認可外保育施設の保育料が結婚・子育て資金の範囲に入ります。 ④結婚・子育て資金の使途等の証明方法について記載すべき事項等を電磁的方法による提出が可能となります。	【増減あり】
	2021.04.01	**非上場株式等に係る相続税・贈与税の納税猶予制度の見直し**	例外として後継者が被相続人の相続開始の直前において特例認定承継会社の役員でないときであっても、本制度の適用を受けることができることとされる要件が見直されます。 **(特例措置)** 改正前：被相続人が60歳未満で死亡した場合には役員要件不要 改正後：①被相続人が70歳未満で死亡した場合には役員要件不要 ②後継者が特例承継計画に特例後継者として記載されている者である場合には被相続人の年齢を問わず役員要件不要 **(一般措置)** 改正前：被相続人が60歳未満で死亡した場合には役員要件不要 改正後：被相続人が70歳未満で死亡した場合には役員要件不要	【拡充】

中 小 企 業

なに税？	いつから	何が？	どうなる 内容	影響
法人税	2021.04.01	**大企業の研究開発税制その他生産性の向上に関連する税額控除の規定の見直し**	大企業について、研究開発税制その他生産性の向上に関連する税額控除の規定を適用できないこととする措置について、一定の見直しが実施されることとなります。	【増税】
	2022.04.01	**グループ通算制度の創設**	連結納税制度を見直し、グループ通算制度へ移行されることになります。 グループ制度への移行にあわせて単体納税制度の見直しが行われます。	【現状】
	2021.04.01	**所得拡大促進税制の見直し**	適用要件と控除税額が、下記のとおりとなります。 【一般】 （適用要件） 新規雇用者給与等支給額≧ 新規雇用者比較給与等支給額×102% （控除税額） ①控除対象新規雇用者給与等支給額×15% ②控除対象新規雇用者給与等支給額×20% ＊②については、以下の要件を満たした場合にのみ適用があります。 教育訓練費の額≧比較教育訓練費の額×120% 【中小企業者等】 （適用要件） 雇用者給与等支給額≧ 比較雇用者給与等支給額×101.5% （控除税額） ①雇用者給与等支給増加額×15% ②雇用者給与等支給増加額×25% ＊②については、以下の要件を満たした場合にのみ適用があります。 雇用者給与等支給額≧ 比較雇用者給与等支給額×102.5%	【減税】
	2021.06.01 （審議中）	**DX（デジタルトランスフォーメーション）投資促進税制の創設**	改正産業競争力強化法の事業適応の用に供するためにソフトウエアの新設若しくは増設をし、又はその事業適応を実施するために必要なソフトウエアの利用に係る費用（繰延資産となるものに限る。）の支出をした場合に、一定の特別償却又は税額控除との選択適用が認められることになります。	【減税】
	2021.04.01	**繰越欠損金の控除上限の特例の創設**	大法人における一定の欠損金について最大100%の繰越控除を受けることができるようになります。	【減税】
	2021.04.01	**株式対価M&Aを促進するための措置**	法人が、会社法の株式交付により、その有する株式を譲渡し、株式交付親会社の株式等の交付を受けた場合には、その譲渡した株式の譲渡損益の計上が繰り延べられることになります。	【緩和】

なに税？	いつから	何が？	どうなる 内容	影響
法人税	2021.06.01 （審議中）	**カーボンニュートラルに向けた投資促進税制の創設**	改正産業競争力強化法による「中長期環境適応計画」について認定を受けた青色申告書を提出する法人が「中長期環境適応計画」に従って導入される一定の設備等の取得等をし、国内にある事業の用に供した場合に、一定の特別償却又は税額控除との選択適用が認められることになります。	【減税】
	2021.06.01 （審議中）	**中小企業の経営資源の集約化に資する税制の創設**	一定の要件を満たす経営力向上計画に基づくM&Aを実施した場合には、次の措置が適用されることになります。 ①株式等の取得価額×70%以下の準備金積立額の損金算入 ②一定の効果を高める設備投資について100%特別償却又は10%もしくは7%の特別控除	【減税】
消費税	2021.03.31	**法人に係る消費税の確定申告書提出期限延長制度の創設**	法人に係る消費税の確定申告書の提出期限について、延長の特例が創設されます。	【整備】
	2021.10.01	**適格請求書発行事業者登録申請開始**	2023年10月1日から登録を受けるためには原則として2023年3月31日までに登録申請書を提出する必要があります。	【厳格化】
	2023.10.01	**インボイス制度の導入**	＜売手側＞ 売手である登録事業者は、買手である取引相手（課税事業者）から求められたときは、インボイスを交付しなければなりません。（また、交付したインボイスの写しを保存しておく必要があります。） ＜買手側＞ 買手は仕入税額控除の適用を受けるために、原則として、取引相手（売手）である登録事業者から交付を受けたインボイス（＊）の保存等が必要となります。 （＊）買手は、自らが作成した仕入明細書等のうち、一定の事項（インボイスに記載が必要な事項）が記載され、取引相手の確認を受けたものを保存することで、仕入税額控除の適用を受けることができます。	【厳格化】

納 税 環 境

なに税?	いつから	何が?	どうなる 内容	影響
納税環境	2021.01.01	**振替納税の通知依頼及びダイレクト納付の利用届出の電子化**	振替納税の通知依頼及びダイレクト納付の利用届出についてe-Taxにより申請等を行うことができるようになります。その申請等について電子署名及び電子証明書の送信を要しないこととなります。	【簡素化】
	2021.01.01	**利子税・還付加算金等の割合の引下げ**	金利の実勢に合わせて利子税・還付加算金の利率が調整されます。	【現状】
	2021.01.01	**納税地の異動があった場合の振替納税手続の簡素化**	振替納税を行っている個人が他の税務署管内へ納税地を異動した場合において、振替納税を引き続き行うことが可能となるように運用上の対応が行われます。	【簡素化】
	2021.07.01	**納税証明書の電子的請求手続等の柔軟化**	納税証明書の電子的請求及び交付について、手続の一部が省略されることになります。	【簡素化】
	2021.04.01	**税務関係書類における押印義務の見直し**	納税者等の押印をしなければならないこととされている税務関係書類について、一部のものを除き、押印が不要となります。	【簡素化】
	2022.01.01	**納税管理人制度の拡充**	納税者が納税管理人の届出をしなかった場合には、以下の措置が講じられることになります。 ①納税管理人に処理させるべき特定事項を明示したうえで、その準備に通常要する日数（最大60日）以内に、納税管理人の届出を行うよう、納税者に求めること。 ②特定事項の処理につき国内便宜者に納税管理人になることを求めること。 ③上記①の求めにもかかわらず、納税者が納税管理人の届出をしなかった場合には、上記②により納税管理人になることを求めた国内便宜者のうち一定の国内関連者を、特定事項を処理させる納税管理人として指定すること。	【整備】
	2022.01.04	**スマートフォンを使用した決済サービスによる納付手続の創設**	納税者がスマートフォンを使った決済サービスにより納税しようとする場合に、国税庁長官が指定する納付受託者を通して納付できるようになります。	【簡素化】